企业年金办法

中国法制出版社

图书在版编目（CIP）数据

企业年金办法 / 中国法制出版社编．—北京：
中国法制出版社，2018.1
ISBN 978 - 7 - 5093 - 9185 - 3

Ⅰ.①企… Ⅱ.①中… Ⅲ.①企业 - 养老保险 -
中国 Ⅳ.①F842.67

中国版本图书馆 CIP 数据核字（2018）第 009165 号

企业年金办法
QIYE NIANJIN BANFA

经销/新华书店
印刷/北京海纳百川印刷有限公司
开本/850 毫米×1168 毫米 32 开　　印张/1.25　字数/14 千
版次/2018 年 1 月第 1 版　　2018 年 1 月第 1 次印刷

中国法制出版社出版
书号 ISBN 978 - 7 - 5093 - 9185 - 3　　定价：5.00 元

北京西单横二条 2 号
邮政编码 100031　　传真：010 - 66031119
网址：http：//www.zgfzs.com　　**编辑部电话：010 - 66066620**
市场营销部电话：010 - 66033393　　**邮购部电话：010 - 66033288**

（如有印装质量问题，请与本社编务印务管理部联系调换。电话：010 - 66032926）

目　录

中华人民共和国人力资源和社会保障部
中华人民共和国财政部 令

第36号

《企业年金办法》已经2016年12月20日人力资源社会保障部第114次部务会审议通过，财政部审议通过。现予公布，自2018年2月1日起施行。

人力资源社会保障部部长　尹蔚民

财政部部长　肖　捷

2017年12月18日

企业年金办法

第一章 总 则

第一条 为建立多层次的养老保险制度，推动企业年金发展，更好地保障职工退休后的生活，根据《中华人民共和国劳动法》、《中华人民共和国劳动合同法》、《中华人民共和国社会保险法》、《中华人民共和国信托法》和国务院有关规定，制定本办法。

第二条 本办法所称企业年金，是指企业及其职工在依法参加基本养老保险的基础上，自主建立的补充养老保险制度。国家鼓励企业建立企业年金。建立企业年金，应当按照本办法执行。

第三条 企业年金所需费用由企业和职工个人共同缴纳。企业年金基金实行完全积累，为每个参加企业年金的职工建立个人账户，按照国家有关规定投资运营。企业年金基金投资运营收益并入企业年金基金。

第四条 企业年金有关税收和财务管理，按照国家有关规定执行。

第五条 企业和职工建立企业年金，应当确定企业年金受托人，由企业代表委托人与受托人签订受托管理合同。受托人可以是符合国家规定的法人受托机构，也可以是企业按照国家有关规定成立的企业年金理事会。

第二章 企业年金方案的订立、变更和终止

第六条 企业和职工建立企业年金，应当依法参加基本养老保险并履行缴费义务，企业具有相应的经济负担能力。

第七条 建立企业年金，企业应当与职工一方通过集体协商确定，并制定企业年金方案。企业年金方案应当提交职工代表大会或者全体职工讨论通过。

第八条 企业年金方案应当包括以下内容：

（一）参加人员；

（二）资金筹集与分配的比例和办法；

（三）账户管理；

（四）权益归属；

（五）基金管理；

（六）待遇计发和支付方式；

（七）方案的变更和终止；

（八）组织管理和监督方式；

（九）双方约定的其他事项。

企业年金方案适用于企业试用期满的职工。

第九条 企业应当将企业年金方案报送所在地县级以上人民政府人力资源社会保障行政部门。

中央所属企业的企业年金方案报送人力资源社会保障部。

跨省企业的企业年金方案报送其总部所在地省级人民政府人力资源社会保障行政部门。

省内跨地区企业的企业年金方案报送其总部所在地设区的市级以上人民政府人力资源社会保障行政部门。

第十条 人力资源社会保障行政部门自收到企业年金方案文本之日起15日内未提出异议的，企业年金方案即行生效。

第十一条 企业与职工一方可以根据本企业情况，按照国家政策规定，经协商一致，变更企业年金方案。变更后的企业年金方案应当经职工代表大会或者全体职工讨论通过，并重新报送人力资源社会保障行政部门。

第十二条 有下列情形之一的，企业年金方案终止：

（一）企业因依法解散、被依法撤销或者被依法宣告破产等原因，致使企业年金方案无法履行的；

（二）因不可抗力等原因致使企业年金方案无法履行的；

（三）企业年金方案约定的其他终止条件出现的。

第十三条 企业应当在企业年金方案变更或者终止后10日内报告人力资源社会保障行政部门，并通知受托人。企业应当在企业年金方案终止后，按国家有关规定对企业年金基金进行清算，并按照本办法第四章相关规定处理。

第三章　企业年金基金筹集

第十四条　企业年金基金由下列各项组成：

（一）企业缴费；

（二）职工个人缴费；

（三）企业年金基金投资运营收益。

第十五条　企业缴费每年不超过本企业职工工资总额的8%。企业和职工个人缴费合计不超过本企业职工工资总额的12%。具体所需费用，由企业和职工一方协商确定。

职工个人缴费由企业从职工个人工资中代扣代缴。

第十六条　实行企业年金后，企业如遇到经营亏损、重组并购等当期不能继续缴费的情况，经与职工一方协商，可以中止缴费。不能继续缴费的情况消失后，企业和职工恢复缴费，并可以根据本企业实际情况，按照中止缴费时的企业年金方案予以补缴。补缴的年限和金额不得超过实际中止缴费的年限和金额。

第四章　账 户 管 理

第十七条　企业缴费应当按照企业年金方案确定的比例和办法计入职工企业年金个人账户，职工个人缴费计入本人企业年金个人账户。

第十八条　企业应当合理确定本单位当期缴费计入职工企业年金个人账户的最高额与平均额的差距。企业当期缴费计入职工企业年金个人账户的最高额与平均额不得超过5倍。

第十九条　职工企业年金个人账户中个人缴费及其投资收益自始归属于职工个人。

职工企业年金个人账户中企业缴费及其投资收益，企业可以与职工一方约定其自始归属于职工个人，也可以约定随着职工在本企业工作年限的增加逐步归属于职工个人，完全归属于职工个人的期限最长不超过8年。

第二十条　有下列情形之一的，职工企业年金个人账户中企业缴费及其投资收益完全归属于职工个人：

（一）职工达到法定退休年龄、完全丧失劳动能力或者死亡的；

（二）有本办法第十二条规定的企业年金方案终止情形之一的；

（三）非因职工过错企业解除劳动合同的，或者因企业违反法律规定职工解除劳动合同的；

（四）劳动合同期满，由于企业原因不再续订劳动合同的；

（五）企业年金方案约定的其他情形。

第二十一条 企业年金暂时未分配至职工企业年金个人账户的企业缴费及其投资收益，以及职工企业年金个人账户中未归属于职工个人的企业缴费及其投资收益，计入企业年金企业账户。

企业年金企业账户中的企业缴费及其投资收益应当按照企业年金方案确定的比例和办法计入职工企业年金个人账户。

第二十二条 职工变动工作单位时，新就业单位已经建立企业年金或者职业年金的，原企业年金个人账户权益应当随同转入新就业单位企业年金或者职业年金。

职工新就业单位没有建立企业年金或者职业年金的，或者职工升学、参军、失业期间，原企业年金个人账户可以暂时由原管理机构继续管理，也可以由法人受托机构发起的集合计划设置的保留账户暂时管理；原受托人是企业年金理事会的，由企业与职工协商选择法人受托机构管理。

第二十三条 企业年金方案终止后，职工原企业年金个人账户由法人受托机构发起的集合计划设置的保留账户暂时管理；原受托人是企业年金理事会的，由企业与职工一方协商选择法人受托机构管理。

第五章 企业年金待遇

第二十四条 符合下列条件之一的，可以领取企业年金：

（一）职工在达到国家规定的退休年龄或者完全丧失劳动能力时，可以从本人企业年金个人账户中按月、分次或者一次性领取企业年金，也可以将本人企业年金个人账户资金全部或者部分购买商业养老保险产品，依据保险合同领取待遇并享受相应的继承权；

（二）出国（境）定居人员的企业年金个人账户资金，可以根据本人要求一次性支付给本人；

（三）职工或者退休人员死亡后，其企业年金个人账户余额可以继承。

第二十五条 未达到上述企业年金领取条件之一的，不得从企业年金个人账户中提前提取资金。

第六章 管理监督

第二十六条 企业成立企业年金理事会作为受托人的，企业年金理事会应当由企业和职工代表组成，也可以聘请企业以外的专业人员参加，其中职工代表应不少于三分之一。

企业年金理事会除管理本企业的企业年金事务之外，不得从事其他任何形式的营业性活动。

第二十七条 受托人应当委托具有企业年金管理资格的账户管理人、投资管理人和托管人，负责企业年金基金的账户管理、投资运营和托管。

第二十八条 企业年金基金应当与委托人、受托人、账户管理人、投资管理人、托管人和其他为企业年金基金管理提供服务的自然人、法人或者其他组织的自有资产或者其他资产分开管理，不得挪作其他用途。

企业年金基金管理应当执行国家有关规定。

第二十九条 县级以上人民政府人力资源社会保障行政部门负责对本办法的执行情况进行监督检查。对违反本办法的，由人力资源社会保障行政部门予以警告，责令改正。

第三十条 因订立或者履行企业年金方案发生争议的，按照国家有关集体合同的规定执行。

因履行企业年金基金管理合同发生争议的，当事人可以依法申请仲裁或者提起诉讼。

第七章 附 则

第三十一条 参加企业职工基本养老保险的其他用人单位及其职工建立补充养老保险的，参照本办法执行。

第三十二条 本办法自 2018 年 2 月 1 日起施行。原劳动和社会保障部 2004 年 1 月 6 日发布的《企业年金试行办法》同时废止。

本办法施行之日已经生效的企业年金方案，与本办法规定不一致的，应当在本办法施行之日起 1 年内变更。

企业年金方案
（实施细则）

（范本）

（××单位并盖章）

企业首席代表　　　　职工首席代表

签章：　　　　　　　签章：

日期：　　　　　　　日期：

目　录

释　义

企业年金：指企业（包括其他已经参加企业职工基本养老保险的用人单位）及其职工在依法参加基本养老保险的基础上，自主建立的补充养老保险制度。

委托人：指建立企业年金计划的用人单位及其职工。

受益人：参加企业年金计划的职工及其他享有企业年金计划受益权的自然人。

受托人：指受托管理本单位企业年金基金的符合国家规定的法人受托机构或者企业年金理事会。

账户管理人：指接受受托人委托管理企业年金基金账户的专业机构。

托管人：指接受受托人委托保管企业年金基金财产的商业银行。

投资管理人：指接受受托人委托投资管理企业年金基金财产的专业机构。

个人账户：指以职工个人名义开立的账户，用于记录分配给职工个人的单位缴费及其投资收益，以及本人缴费及其投资收益。

企业账户：指在企业年金基金中，以单位名义开立的账户，用于记录暂时未分配至职工个人账户的单位缴费及其投资收益。

第一章 总 则

第一条 为保障和提高职工退休后的待遇水平，调动职工的劳动积极性，建立人才长效激励机制，增强单位的凝聚力，促进单位健康持续发展，根据《中华人民共和国劳动法》（中华人民共和国主席令第28号）、《集体合同规定》（劳动和社会保障部令第22号）、《企业年金办法》（人力资源和社会保障部令第______号）、《企业年金基金管理办法》（人力资源和社会保障部令第11号）、______________等法律、法规及规章，××单位决定建立企业年金，并结合实际情况，制定企业年金方案（以下简称本方案）[①]。

第二条 建立企业年金遵循的原则：

（一）有利于单位发展。通过建立企业年金增强单位的凝聚力和吸引力，激励职工长期稳定地工作，促

---

① 制定企业年金方案实施细则的表述为：××单位（以下简称本单位）决定参加××单位企业年金计划（以下简称本计划），在《××单位企业年金方案》框架下，结合实际情况，制定本单位企业年金方案实施细则（以下简称本细则）。

进单位与职工共同发展；

（二）公平与效率相结合。企业年金应覆盖符合条件的职工。单位缴费分配在体现公平的同时兼顾效率；

（三）平等协商。单位及其职工按照国家相关规定，通过集体协商确定建立企业年金并制定企业年金方案；

（四）保障安全、适度收益。企业年金基金的管理严格按照国家有关规定执行，按照规定的投资范围进行投资运作，在保障安全的前提下获取适度收益；

（五）适时变更原则。按照国家政策变化，结合单位经营状况和企业年金运行情况，适时变更企业年金方案。

第三条　单位建立企业年金的基本条件[①]

（一）依法参加企业职工基本养老保险并履行缴费义务；

（二）单位与工会或者职工代表通过集体协商确定建立企业年金；

（三）其他条件：________。

① 集团公司可根据自身情况增加下属单位建立企业年金需要满足的其他条件。

第四条 实施范围[①]

本方案适用于<u>× ×单位</u>所属__________单位（单位列表附后，以下统称本单位）。

第二章 参加人员

第五条 职工参加本方案的条件。

（一）与本单位订立劳动合同并试用期满；

（二）依法参加企业职工基本养老保险并履行缴费义务；

（三）其他条件：________。

第六条 职工参加本方案的程序

符合上述参加条件的职工，从符合条件的次月起自动加入本方案。

符合条件但不同意加入本方案的职工，应在符合条件后的下一次发薪日前提交书面《职工放弃参加企业年金声明》（附件①），经单位备案后不加入本方案。

① 集团公司企业年金方案可适用于所有或者部分下属单位，非集团型企业可删除本条。

放弃加入的职工申请加入本企业年金方案，需填写《职工参加企业年金申请表》（附件②），经单位审核同意后加入企业年金方案。

第七条 职工退出本方案的条件

（一）职工与本单位终止或者解除劳动合同；

（二）职工达到本方案规定的企业年金待遇领取条件；

（三）其他：________。

第八条 职工退出本方案的程序

职工达到第七条退出条件后，单位停止其企业年金缴费，按照本方案第十九条处理其个人账户或者按照本方案第三十条支付企业年金待遇。

第九条 职工的权利和义务

（一）职工的权利

1. 根据法律法规规定及本方案约定，了解、查询企业年金基金个人账户基本情况；

2. 在满足本方案规定的权益归属条件后，职工对个人账户中已经归属的权益拥有所有权；

3. 在满足本方案规定的领取条件后，职工享有领取企业年金待遇的权利；

4. 由于自身原因，职工可以申请本人中止缴费；原因消失后，可以申请恢复缴费。

5. 职工与本单位终止、解除劳动合同的，其个人账户转移或者保留按照本方案第十九条规定处理。

（二）职工的义务

1. 授权本单位根据本方案规定从职工工资中代扣代缴个人缴费；

2. 授权本单位和本计划管理机构按国家有关规定代扣代缴个人所得税；

3. 授权××单位[①]选择受托人并签订受托管理合同；

4. 授权本单位代表职工对企业年金计划进行管理监督；

5. 提供个人相关基本信息。当相关基本信息发生变动时，及时向本单位提供变动情况。

---

① 代表职工与受托人签订受托管理合同的单位。

第三章 资金筹集与分配

第十条 企业年金所需费用由单位和职工共同承担。单位缴费的列支渠道按照国家有关规定执行；职工个人缴费由单位从职工工资中代扣代缴。

第十一条 个人缴费①

方式1：职工个人缴费为本人缴费基数的____%，职工个人缴费基数为__________。

方式2：职工个人缴费为单位为其缴费的____%；

方式3：(其他方式)。

第十二条 单位缴费及分配

方式1：单位缴费分配至职工个人账户的金额为职工个人缴费基数的____%，单位缴费总额为单位为参加计划职工缴费的合计金额。经测算，方案实施第一年企业缴费为工资总额的____%；

方式2：单位年缴费总额为年度工资总额的____%，

---

① 集团公司企业年金方案中，个人缴费比例可以为范围，由各下属单位在实施细则中明确具体比例。

按照参加计划职工个人缴费基数的____%分配至职工个人账户，剩余部分记入企业账户；

方式3：单位年缴费总额为年度工资总额的___%，按照职工个人缴费基数的____%分配至职工个人账户，剩余部分记入企业账户，作为对本计划建立时临近退休职工的补偿性缴费。

补偿范围为：________________。

补偿缴费分配办法为：____________。

补偿缴费划入职工个人账户的方式为：______。

补偿结束后，单位调整单位缴费分配办法，履行本方案第三十三条规定程序后实施。

列入补偿范围的职工，根据组织安排在集团内部单位调动的，原单位对其个人账户补偿办法为：_____；

方式4[①]：单位年缴费总额不超过年度工资总额的____%；下属单位可根据实际情况，在实施细则中明确具体缴费比例及分配办法；

方式5：<u>（其他方式）</u>。

---

① 集团公司企业年金方案中，单位缴费比例可以为范围，单位缴费分配办法也可仅作原则性要求，由各下属单位在实施细则中明确具体比例和单位缴费分配办法，但每年缴费不得超过本企业职工工资总额的8%。

第十三条 单位当期缴费分配至职工个人账户的最高额不得超过平均额的 5 倍。超过平均额 5 倍的部分，记入企业账户。

企业账户资金不得用于抵缴未来年度单位缴费。

第十四条 企业账户余额[①]分配至职工企业年金个人账户的方式为：

方式 1：企业账户余额 ÷ 本单位企业年金个人账户（包括□正常缴费账户、□退休支付账户、□离职保留账户，下同）数量；

方式 2：企业账户余额 ×（个人账户余额 ÷ 本单位企业年金基金资产总额）；

方式 3：企业账户余额 ×（最后一次单位缴费划入职工个人账户额 ÷ 最后一次单位缴费总额）；

方式 4：(其他方式)。

企业账户余额（□每年、□(其他方式)）分配一次，分配差距按照企业当期缴费分配差距规定执行。

第十五条 单位按(□月、□季度、□年度) 将全

---

① 指企业账户资金完成补偿以后的剩余资金；如果没有设置补偿，则为企业账户全部资金。

部缴费款项按时、足额汇至托管人开立的企业年金基金受托财产托管账户。

第十六条 企业年金缴费的中止、恢复和补缴

（一）单位出现经营亏损、重组并购等特殊情况无法履行缴费义务时，经与职工一方协商，可以中止单位缴费，职工同时中止个人缴费。不能继续缴费的情况消失后单位恢复缴费，职工同时恢复个人缴费。恢复缴费后单位和职工可以视经济情况按照中止时的方案内容予以补缴。补缴年限和金额不得超过实际中止缴费的年限和金额；

（二）职工由于自身原因申请中止或者恢复个人缴费，需填写《职工中止（恢复）缴费企业年金申请表》(附件③)，并经本单位确认后执行。个人中止缴费期间，单位缴费也相应中止，个人账户继续在本计划中管理；个人恢复缴费时单位缴费也同时恢复；不弥补中止缴费期间的单位和个人缴费。

第四章　账 户 管 理

第十七条 本计划实行完全积累，为每一个参加

职工开立企业年金个人账户，同时建立企业账户用于记录暂未分配至个人账户的单位缴费及其投资收益。

第十八条 个人账户下设单位缴费子账户和个人缴费子账户，分别记录单位缴费分配给职工个人的部分及其投资收益、职工个人缴费及其投资收益。

第十九条 个人账户的转移和保留

职工与本单位终止、解除劳动合同的，其个人账户转移或者保留。

（一）职工与本单位终止、解除劳动合同，新就业单位已建立企业年金或者职业年金的，其个人账户权益应当转入新就业单位的企业年金计划或者职业年金计划管理；

（二）职工与本单位终止、解除劳动合同，未就业、新就业单位没有建立企业年金或者职业年金的，其个人账户：

方式1：转入本计划法人受托机构发起的集合计划设置的保留账户统一管理。保留账户的账户管理费从职工个人账户中扣除；

方式2：作为保留账户在本计划中继续管理。保留账户的账户管理费（□由本单位负担、□从职工个人账户中扣除）；

方式3：（理事会受托管理的企业年金计划）转入由本单位与职工协商选定的法人受托机构发起的集合计划设置的保留账户统一管理。保留账户的账户管理费从职工个人账户中扣除；

方式4：（其他方式）。

（三）在集团公司[①]内部调动新单位未实行企业年金制度的，其个人账户作为保留账户由原单位继续管理。保留账户的账户管理费（□由原单位负担、□从职工个人账户中扣除）。

第二十条 满足下列条件之一时，个人账户注销：

（一）职工领取完其个人账户资金；

（二）职工身故，其个人账户余额由指定受益人或者法定继承人全部领取完毕；

（三）个人账户转移至新单位的企业年金计划或者职业年金计划。

---

① 非集团公司和将内部调动视同外部调动的集团公司删除本款。

第五章　权益归属

第二十一条　职工企业年金个人账户中个人缴费及其投资收益自始归属职工个人。

第二十二条　职工企业年金个人账户中单位缴费及其投资收益，按以下规则归属于职工个人。未归属于职工个人的部分，记入企业账户。

<table>
<tr><td>权益归属核算时点</td><td>N</td><td>归属比例</td></tr>
<tr><td rowspan="4">职工与本单位解除劳动合同</td><td>N＜___年</td><td>××%</td></tr>
<tr><td>___年≤N＜___年</td><td>××%</td></tr>
<tr><td>…</td><td>…</td></tr>
<tr><td>N≥___年</td><td>××%</td></tr>
<tr><td colspan="2">企业年金方案终止</td><td rowspan="5">100%</td></tr>
<tr><td colspan="2">达到法定退休年龄、完全丧失劳动能力或者死亡</td></tr>
<tr><td colspan="2">非因职工过错企业解除劳动合同，或者因企业违反法律规定职工解除劳动合同</td></tr>
<tr><td colspan="2">劳动合同期满，由于企业原因不再续签劳动合同</td></tr>
<tr><td>（其他特殊情况）①</td><td>——</td></tr>
<tr><td colspan="3">备注：N是指在本单位的工作年限，不得超过8（含）。</td></tr>
</table>

① 用人单位可列明其他特殊情况的归属比例，例如或者集团公司内部调动时，归属比例为100%。

第二十三条 补偿缴费归属规则[①]

补偿缴费按照方式________归属。

方式1：职工退休前归属比例为0%，退休后100%归属；

方式2：(其他方式)。

第六章 基金管理

第二十四条 企业年金基金由单位缴费、职工个人缴费和投资收益组成。

第二十五条 本计划采取(□理事会受托、□法人受托）管理模式。本方案所归集的企业年金基金由××单位[②]委托受托人进行受托管理并签署企业年金基金受托管理合同。由企业年金基金受托人委托具备企业年金管理资格的托管人、账户管理人、投资管理人提供统一的相关服务。

第二十六条 企业年金基金的投资收益，根据企

---

① 未设置补偿缴费的用人单位，删除本条。

② 代表职工与受托人签订受托管理合同的单位。

业年金基金单位净值，按周或者按日足额分别记入个人账户和企业账户。

第二十七条 企业年金基金管理运营的所需费用，按照国家有关法律法规及企业年金基金管理合同中的相关条款确定。其中正常账户的账户管理费由本单位缴纳，保留账户管理费按本细则第十八条规定执行，退休职工个人账户的账户管理费由(□个人、□单位)负担，其他费用由本单位和个人共同承担，从企业年金基金中扣除。

第二十八条 企业年金基金实行专户管理，与委托人、受托人、账户管理人、投资管理人和托管人的自有资产或者其他资产分开管理，分别记账，不得挪作它用。

第七章 待遇计发和支付方式

第二十九条 本方案参加职工符合下列条件之一时，可以享受本方案规定的企业年金待遇：

（一）达到国家规定的退休年龄；

（二）经劳动能力鉴定委员会鉴定，因病（残）完全丧失劳动能力；

（三）出国（境）定居；

（四）退休前身故。

第三十条 企业年金的支付方式

职工达到本方案第二十八条规定的企业年金待遇领取条件后，可根据个人账户余额、个人所得税税负等情况选择按月、分次或者一次性领取企业年金待遇，也可将本人企业年金个人账户资金全部或者部分购买商业养老保险产品，依据保险合同领取待遇并享受相应的继承权。

第三十一条 受益人的指定和修改

职工自动加入企业年金方案时，应指定本人身故后企业年金个人账户已归属权益的受益人，没有指定的，默认法定继承人为受益人。若职工需要变更受益人的，可在加入后书面申请变更。

第八章 方案的变更和终止

第三十二条 本单位根据国家政策变化，以及本单位经营和企业年金运行情况，经集体协商变更本方案。

第三十三条 变更本方案的程序

（一）企业和职工一方按照《集体合同规定》，经集体协商形成新的企业年金方案；

（二）新的企业年金方案经民主程序讨论通过；

（三）报送人力资源和社会保障部门备案[1]；

（四）通知方案参加职工及受托人。

第三十四条 出现下列情况之一时，本方案终止：

（一）本单位因依法解散、被依法撤销或者被依法宣告破产等原因，致使企业年金方案无法履行的；

（二）因不可抗力等原因致使企业年金方案无法履行的；

（三）其他：__________。

第三十五条 终止本方案的程序

（一）经集体协商制定终止企业年金计划方案。方案内容应包括终止原因、企业账户资金和个人账户处

---

① 中央所属大型企业在人力资源社会保障部备案，跨省用人单位在总部所在地省级人力资源社会保障部门备案，省内跨地区用人单位在总部所在地设区的市级以上人力资源社会保障部门备案。

理办法等；

（二）终止方案经民主程序讨论通过；

（三）报送人力资源和社会保障部门备案；

（四）由受托人组织清算组对企业年金基金财产进行清算，对所有个人账户权益进行全部归属，并按照方案规定或者民主程序讨论通过的办法分配企业账户资金[①]；

（五）将个人账户转移至协商确定的法人受托机构发起的集合计划设置的保留账户暂时管理；

（六）通知本方案参加职工及受托人。

第九章　组织管理和监督

第三十六条　本单位的企业年金基金管理接受人力资源社会保障部门等国家相关部门的监督检查。本单位依照国家相关法律、法规对受托人进行监督。

第三十七条　在接受国家相关部门监督的基础上，

---

① 仅是企业账户余额的，按照方案确定的办法分配；包括补偿资金的，通过集体协商确定分配办法。

由本单位的纪检、工会和审计部门对本企业年金计划的运作管理进行内部监督。

第十章　附　则

第三十八条　本方案自××××年×月×日起开始实施。

第三十九条　因订立或者履行企业年金方案发生争议的，根据《集体合同规定》处理。

第四十条　因履行企业年金基金管理合同发生争议的，当事人可以依法申请仲裁或者提起诉讼。

第四十一条　本方案涉及的相关财税问题，按照国家相关规定执行。

第四十二条　本单位拥有对本方案的最终解释权。

附件①：

职工放弃参加企业年金声明

<table>
<tr><td>申请人姓名</td><td></td></tr>
<tr><td>申请人身份证号码</td><td></td></tr>
<tr><td colspan="2">本人已认真阅读并理解《××单位企业年金方案》。经慎重考虑，本人放弃参加××单位企业年金计划。

声明人：
年　月　日</td></tr>
<tr><td>单位意见</td><td>经审核，同意该职工不参加企业年金计划。

签字（盖章）：
年　月　日</td></tr>
</table>

附件②：

职工参加企业年金申请表

<table>
<tr><td>申请人姓名</td><td></td></tr>
<tr><td>申请人身份证号码</td><td></td></tr>
<tr><td colspan="2">本人已认真阅读并同意接受《××单位企业年金方案》，申请参加××单位企业年金计划。

申请人：
年　月　日</td></tr>
<tr><td>单位意见</td><td>经审核，该职工符合参加企业年金的条件，同意其参加企业年金计划。

签字（盖章）：
年　月　日</td></tr>
</table>

附件③：

职工中止（恢复）企业年金缴费申请表

<table>
<tr><td>申请人姓名</td><td></td></tr>
<tr><td>身份证号码</td><td></td></tr>
<tr><td colspan="2">
中止企业年金缴费的申请
本人经慎重考虑，申请中止企业年金缴费，并愿意承担由此带来的损失。中止缴费期间为：
□ 年 月 日至 年 月 日；
□ 至本人申请恢复缴费为止；
□ 至退出本企业年金计划为止。
申请人：
年 月 日
</td></tr>
<tr><td colspan="2">
恢复企业年金缴费的申请
本人申请自 年 月 日起恢复企业年金缴费。
申请人：
年 月 日
</td></tr>
<tr><td rowspan="2">单位意见</td><td>经审核，同意该职工中止企业年金缴费。
签字（盖章）：
年 月 日</td></tr>
<tr><td>经审核，同意该职工恢复企业年金缴费。
签字（盖章）：
年 月 日</td></tr>
</table>